Las lágrimas de las cosas

CUARTEL

Colección premios de poesía

───────────────────

Poetry Awards Collection

BARRACKS

Jeannette L. Clariond

LAS LÁGRIMAS DE LAS COSAS

Nueva York Poetry Press LLC
128 Madison Avenue, Oficina 2RN
New York, NY 10016, USA
Teléfono: +1(929)354-7778
nuevayork.poetrypress@gmail.com
www.nuevayorkpoetrypress.com

Las lágrimas de las cosas
© 2022 Jeannette L. Clariond

© Contraportada:
Adonis

ISBN-13: 978-1-950474-66-0

© Colección Cuartel vol. 5
(Homenaje a Clemencia Tariffa)

© Dirección:
Marisa Russo

© Concepto de colección y edición:
Francisco Trejo

©Fotografía de la cubierta:
Cuca Riera

Pieza de cubierta:
capitel renacentista hecho de piedra y mármol
40 x 15.75 cm.
Gallery BR, Londres.
www.gallerybr.co.uk

© Diseño de portada:
Andrea Saga

© Diseño de interiores:
Moctezuma Rodríguez

L. Clariond, Jeannette
Las lágrimas de las cosas / Jeannette L. Clariond. 2ª ed. New York: Nueva York Poetry Press, 2024, 88 pp., 6.69" x 9.61".

1. Poesía mexicana.   2. Poesía latinoamericana.

Todos los derechos reservados. Esta publicación no puede ser reproducida, ni en todo ni en parte, ni registrada en o transmitida por, un sistema de recuperación de información, en electroóptico, por fotocopia, o cualquier otro, sin el permiso previo por escrito de la editorial, excepto en casos de citación breve en reseñas críticas y otros usos no comerciales permitidos por la ley de derechos de autor. Para solicitar permiso, contacte a la editora por correo electrónico: nuevayork.poetrypress@gmail.com.

OBRA GANADORA DEL
CONCURSO NACIONAL DE POESÍA
ENRIQUETA OCHOA 2020

Las lágrimas de las cosas

Para Anne Carson

Sunt lacrimae rerum, et mentem mortalia tangunt.

(Aen. 1, 462)

Tiro

Mas tú, fuerça del mar, tú, excelsa Tiro,
que en tus naues estauas gloriosa.

Fernando de Herrera

Hoy miro la cresta coronada de niebla, las puertas de los templos, lo plata, la quietud
bruñida de los montes.
> Todo parte del despojo, esa visión de fresnos cuando uno no es
> sino comienzo en espiral, porque breve es la hora.
> Lo que a lo ancho de mi lengua punza hasta apagar mi voz
> atravesará mi corazón, me cubrirá de flores, descifrará mi alma.

Tiro es a las hijas de Babel inmensa columna en cada árbol, curso indefinido
> de un cielo que busca abrirse paso.
> Y el marjal, voces de hojas caídas, ternuras que, cuando la madre se ha ido,
> nos amarran a la muerte.
> No solos nos quedamos en la grieta,
> todo lo oscuro permanece.
> Mas el sol, en su descenso, resurge como ola
> en la ciudad, y en cada cumbre el cielo
> labra el orden herido,
> ruinas que en el almiar
> encienden la soledad primera.

*

La luz del sol arde como un naufragio en la cresta.

*

El sueño ya narrado es néctar de la higuera: su leche deja asir las dunas que el viento
desparrama. Un anhelo apenas, un atisbo de gracia la vastedad de su blancura.
> Frondas como manos de fuego ven nacer el ibis de alforzado plumaje sobre
> un bloque de hielo suave condensando en azulinas vetas la nata de los ciegos.

¡Ishtar, beso tus manos! Busco la salvación, mas el salmo en el cálamo no escucho.
> En silencio arrastras mis horas, el péndulo, los racimos de la balaustrada
> donde el marfil deslíe la negrura del abenuz.

*

La madre tiende una jarcia sobre las piedras. Un viento resurge desde el escarpe,
    pájaros-escorpiones-peces sostienen el techo, esa conflagración de voces
    lejanas que en los nichos retoñecen lagartos abemoladamente.

*

El río en su sonido mi espíritu dispersa y el llanto, muy dentro su deshilarse azahar
    sobre el risco donde rezuman pasos, raíces, adamascadas huellas.
    El agua desciende de los montes como un manto azulino abriendo
    cauce entre laderas de cedros.
Tierra seas, Tiro de mi piel, y en tus cuencos la estrella reverbere —último linaje de tu
    luz— antes de que la noche se apague, antes de que la noche enmudezca.

*

Es parpadeo de luciérnagas este oscuro bosque. Entre lajas de frío el ave
    se estrella contra el cristal. La sombra
        de tu habitación
            ese ibis
            no encuentra.

*

Mil años vivas, Madre, en el Valle de Qadisha. Mil fresnos murmullo sea tu voz,
    ese rostro distante, esa sagrada senda hacia las abiertas
    cavidades de mi sueño.
    La soledad fue,
    la tempestad fue,
    y el viento
    arrufó
    la embarcación.
    El puerto, un hilo gris
    bajo la bruma.
    Arraigan las semillas del eneldo
    y la desgarrada vela
    oscurece la ciudad.

La luna, espejo de aquel púrpura, en pétalos desprende este ocre asirse a la raíz
      en un otoño de ofrendas:
      ánforas, aljófares, alboaires,
      labrando las seis semillas de aquel lugar
      adonde vuelvo. En tus ojos
      acacias y almortas desnaciendo.
Siento bajo mis párpados la muerte. Lo blanco del mar se lleva la blanca luna.
      Señor, a dondequiera que vaya siento el atajo de la muerte.
      No sé si voy a despertar.
      Apago la luz y rezo.

              *

Lo que nombra el agua se abre como una bocanada y deja entrar la luz abismando
      la lanza en la grieta.
      El hombre dijo a la mujer: —Dame tu cuerpo.
      Y ese cuerpo envolvió de alma la mujer.
      Y el alma era movimiento.
      Río cristalino.
      Abra.
Y era silencio la desvanecida de olas oscuridad, extravío la presentida penumbra.
      Creer, crecer el fuego
      en el lecho del amor
      y en la diáfana poza
      tu interno
      cielo.
Tor, tú hablas la lengua que me vio nacer. Tu amor sostiene mi oleaje en sílabas
      entreveradas, gotas de aquel sol que a un tiempo alivia y seca.
      Anida un cóndor en tu pecho. Y, en esta noche de funestos presagios,
      el verde se abre al céfiro y relame la hora de cirios en la almena.

              *

El brillo plomizo del ave sangra en la sequedad y un cóndor renace en la albufera.
      La lápida, asperjada de flores frescas, te dice que alguien estuvo allí, alguien

cuya nevada edad entiende de los años.

Madre, háblame de ti, encontrarte quiero en mi plegaria.

Acompañada del rumor de las olas te alejas, traspasas mi cuerpo.

*

Vuelve a la casa la quietud. El verdeoro de la brisa barre las huellas de aquel zaguán,

súplicas y purpúreas letanías: tu cera endurecida resquebraja mi habla.

El deseo y su bruma —instante en que sujeta el águila a su presa—

esa doble reverberación rasga tus ojos, casi muertos.

*

Era tu aliento de árbol la llama que implora profecías, una herida al descubierto,

y tu espina, una mancha bajo las bayas violeta del enebro.

Dos cirios encendidos son lágrimas que derraman su soledad de fría hierba

sobre mi pecho.

*

¿O es que la roca se conmueve ante los cántaros del alba?

*

Sidón, tu púrpura fenicia devora el fuego de quienes solitarios vagan por

la noche oscura.

La espuma del río y su sangre son rumor de oleaje

que cierra su puerta tras de sí.

Las lágrimas de las cosas escurren sobre mi piel

y entre nubes y promontorios el ibis atrapa la sierpe,

se hunde en el cañizal, se desvanece entre areniscas y peces.

El verdeoro del velo filtra la grava con su anchuroso torrente recio,

hace brillar el filo de las rocas y el arrecife

cede su envoltorio a la raíz ante el fragor de las estrellas.

Hija del hambre,

tu espejeante verdad hará restallar la pétrea luna.

El viento el vuelo del ave borrará, pues nada permanece de este imperio.

*

Vuelve el canto al follaje marmóreo, alas entreveradas de penumbra

contemplan lo fugaz de otro reino.

  Toda pérdida una luz hilvana
  y el arpa, en su pulso, es río extraviado,
  flor sin semilla la oscuridad del templo.
*

Me vi asediada y abrí mi corazón a las llovidas ramas del peral.
*

Carga el asno sus sarmientos, mas todo se despeña: pedruscos, tierra suelta,
  ruta que, en su arista, responde a la gravitación dorada
  del almagre.
La resolana filtra el polvo traspasado de recuerdos, y la helada regresa
  a la hora sombría, a la sangre densa
  de otro cuerpo en el espejo,
  secreta
    cavilación
  de nuestra más obtusa lejanía.
*

Y hurgó descendiendo por aquella arteria del rencor
  hundida ya en su frente.
  De raíces se envuelve la fortuna.
*

El rojo se desliza por los muros del cementerio, rumia sus quebradizas fisuras,
  gélido, arcilloso arroyo donde beben las bestias.
En la hoguera, las clámides y, en el huerto, el principio del silencio.
  Tú, alma mía, feneces bajo ese umbral de púberes
  y halcones grises muertos.
  Et via tandem voci laxate dolore est.
El estallido repite otra voz en la separación.
  Un pájaro-pez-cofre
  su destierro
  agita.
*

Instante médano este mar.

*

Vaga una sed, una angustia bajo la sórdida constelación: lluvia mi sueño
    de subterráneas piedras y en el arroyo, como errabunda lumbre,
    brilla la primavera.

*

Acoge
nuestro silencio
su fronda:
muere
mi amargura
de insaciable sed.

*

Naciente belleza, la sustancia infinita del amor abre las entrañas de Marduk.
    Trazada senda, tu viaje los dioses esperan y purpúreas ramas
    rebordan el horizonte. Madre, ¿te dejarás devorar por el pez?
    Sólo tus labios colman mi hambre.
Sobre el cordón de espuma, hacha luminosa, mil barcas el faro vislumbra.
    Palma arraigada en la sal, reverso de la vida el nácar de tu puerto.
    Entre piedras, gajos de sol, ámbar transcurre Bekaá, se baña en tus destellos.
Tiro, la barca no aguardes. Duerme ya en el libro de Dios.

*

En torno a la estufa la madre, las conversaciones, el olor a bacalao.
    Sobre la terraza del valle, la Piedra de la Mujer Embarazada desdora
    la camaradería de las gaviotas. La hoja de cedro corta la visión allí, donde
    el silencio entra al mar.
Vi de niña ese mar, lo vi ir y venir en el vaivén de caliginoso arrecife.
    Me detenía a contemplar la inacabable sucesión de las olas, su estéril carga
    de soledad, su grave, golpeada cadencia.

*

Ladera abajo, junto a la falúa atada al poste verde, un periódico resiste sobre el agua,
    sin desleírse la tinta, sin disolverse la palabra.
    ¿Desde cuándo está allí? ¿Cómo logra flotar, no hundirse?

Ayer es igual a mañana. La ola que llega semeja la anterior.

    Basta un grano para derrubiar el espejo.

    El mar avanza, inmóvil.

Tiro sobrevivirá bajo la espesura púrpura, derramada niebla que, en astillas, martillea

    los bordes de mi presentimiento.

Los ojos de Al-Ajtal

El poeta

1

Polvo
finísimo
que nadie ve.

Vidriosa soledad
que da al cuerpo
lo que no
sabe.

Alma que engendra otra alma.

Dice
mis ojos están rotos.

Clama en el vacío
por la luz
que un día fue paraíso.

Cuando deja de ver,
alumbra.

2

Leve arena, encarna la distancia, las metamorfosis, el límite.
No acepta que su visión se incline hacia lo grandioso,
como si el vacío
o la nada
guiaran su mano, el color de su tinta.
Su morada semeja las valvas de una ostra,
allí concentra lo disperso
hasta florecer
perla,
nácar que lo regresa siempre a casa.
Suya es la sombra,
una sombra intuitiva,
discontinua.
En el destello de la ola, su follaje derrama sobre la piedra.
Abraza la pasión, el peligro.
Está en la luz, filo de ceguera
que asierra el sueño,
mas su voz
persiste
blanca muselina
dentro, muy dentro
de la blancura.
Impensada nevazón, reclama la aridez del vocablo.
Silencio más bello que el silencio
la palabra
paraíso:
su dolor precipita en el poema.

3

La textura oculta de la ostra
es dicha
en su veladura.
Comienzo de un principio sin fin
la vida en la palabra
teje
su esperado nacimiento.
Eternidad pulverizada
la cal
de su ausencia.
El poeta
mira la estela
desleírse sobre el lago,
al ánsar suspenso en su vuelo.
Su visión es blanca
y late con el pulso del río.
Calla cuando el cielo cierra
sus portones.
Está en el lugar
de sí,
de su ilegitimidad:
la terrible asfixia de su voz
combate
dolidamente
las cenizas.

4

Muda cadencia, el poeta es relámpago suspendido en la encrucijada,
sol que despunta en la azucena, nunca burlado por el cristal.
Mancha de ocelote, se derrama sin franquear su impronta.
Avanza protegido por su certera sombra. Curtida raíz,
su silencio aguarda como limo en el fondo del pozo.
Erosión y aurora, su grito estalla flor de abismo.

Pavo real

Una leyenda sufí dice que Dios creó
el Espíritu en forma de pavo real.

El ave muestra el pasado del ave
en el espejo
de la esencia divina.
Su luz resiste
en el agua.
Viento sobre las lilas,
su paraíso de infinitos ojos contempla el cobalto iridiscente derramarse
sobre la estela fiel del lago.
Sabe que nunca se repetirá, pues el silencio, como el pavo real,
sólo una vez se revela.
Abre su pecho, quiere ser la imagen del vitral, transmutar en belleza su geometría,
desde la arcada multiplicarse en inciertos espejos, jardines
resolviendo la memoria. Luna de desprendido cauce, su paso fluye
con el pálpito del río; teme que se borre su pupila.
Lo oigo, me hace sentir
entero su misterio, y la llama
su permanencia herida.
Renace de la hierba su fulgor, instante en el borde de sus alas
que al abrirse corona, estremecida blancura, el horizonte.
Sólo existo porque me mira
leer la savia que asciende hacia la fronda.

La fiebre del alba derrubia lo escrito en la llaga.

Ayuno

El poeta no quiso ayunar en el Ramadán
ni comer la carne de los sacrificios.
No ahuyentó camellos hacia La Meca
ni se levantó al alba para asistir a la casa de la oración.
Sus actos nobles los convirtió en beber del vino de Hazim,
alzar tiendas en el desierto, ojos fijos
en la raíz sacra de los vocablos.

Su vista alzaba para sentir el aroma del jazmín
y ver brillar la mañana.

La huida

¿Qué plasma amoroso me regresará un alba sin mancha?
El tiempo de mis arrugas hace temblar el tiempo de mi fruición.

No tolero ver más piernas descarnadas
ni brazos de madres sin sus hijos.

Apaguen la crueldad de esas llamas.
La sangre no abdica.

Les dejo el mando. Salgo a beber del profundo rubí.
Voy a donde despiertan las flores, el pozo, la copa de dátiles colmada.

Vacío

No, no fuiste amada,
acaso traspasado tu cuerpo.
Temblaron tus labios,
se estremeció tu piel.
Pero no, no fuiste amada.
Ardió solo el árbol
en el centro
de tu vida
y en tu lecho amaste
mirando palidecer la luz
de otra mirada.
El cuerpo, al cabo, vencerá al amor.
Y al sordo rumor de las perlas
vestirás un mismo luto.

TRAZADA SENDA

La certeza
empaña
la visión,
esa herida del árbol
que congela las distintas
intensidades de la luz
y se desnuda
ante el guijarro:
regazo
que asperja
incandescencias
y no pregunta
si es
hambre, vacío,
sed.

Hambre

Es de día en el pueblo de los pescadores.

La sangre fresca de las lubinas
escurre por las cestas

como estallido de jazmines en primavera.
Mas no son flores lo que tus ojos ven.

El pez desparrama su muerte,
nada en una nada más vasta que el vacío.

Una paradójica náusea
recubre la cruda superficie de la escarcha.

La salpicadura en las vitrinas aviva el tumulto de los mares
y sella la dureza del diamante.

Sientes asco, confundes hambre y ayuno,
tus ojos esas vísceras acunan.

Buscas en sus entrañas un resplandor más profundo
que las dalias en la nieve.

No me abandone el ojo por donde habré de entrar
hacia mi muerte.

La derrota

Se esparce la mancha en el reino de las arenas, lacera el agua de su mar.
Hiram, rey de Tiro, entrega a David un arca de cedro
y envía albañiles y carpinteros a edificar su casa,
palacio de Jerusalén. Las olas atraen y alejan quemadas profecías.
El delirio de la fiebre es un batir desorbitado de auras.

Y los filisteos se enteraron de la fuerza de David y de que suyo sería
el reino de Israel, y se unieron todos para atacarlo.
Y David salió y dijo:
«Si peleo contra ellos, Dios, ¿estarás a mi lado para vencerlos?».

Entonces se encaminó a Baal Perasim, y allí Dios abatió a los filisteos.
Y éstos huyeron dejando atrás sus ídolos, que el rey arrojó a las llamas.
Y exclamó David: «Dios es fuerte como la corriente de un río».

Así fueron derrotados los filisteos desde Gabaón hasta Guézer,
y la fama de David se extendió por todas las naciones
hasta alcanzar las puntas de los árboles.

Dios era un viento sin hálito.
Dios no era el arca ni era la alianza.
Dios no acataba la palabra de otro dios,
significaría su muerte inesperada.

ARREPENTIMIENTO

Pan ácimo de la vida,
¿quién podría llegar a ti buscando
un refugio contra la espina?
Limpia mi voz y haz que el pez
regrese a la Palabra.

Haz que mi tiempo no se hunda en la sal,
que pueda confesar lo que llevo dentro
sin derramar más sangre.
Haz que me adentre en el desierto.
Haz que la muerte se escuche enteramente.
Haz que mi lengua persiga el trigo y la mies,
pueda yo remar en la fosa de grava
como barca en altamar.
Sáname de todo cuanto está escrito en la roca,
líbrame del peso de la espuma,
del fuego devorado por el viento.

¡Cuánto tiempo viejo vive en mí!
¡Cuánta muerte pasea por el mundo!
La ceremonia se repite
en una sucesión de corderos famélicos.

¿Y la fineza de haber lavado aquellos pies?
¿Qué esconde tu promesa?
¿Dónde la uva y el sarmiento en esta sed?
La belleza no fue vaticinio
sino río que convoca las lágrimas de las cosas.

¡Padre!
¡Escúchame!
¡Soy yo!

LEVEDAD

El amor es arena de desierto,
copa de alabastro
llenando una ausencia anterior.

El amor espía al amor, escucha
el latido de los leños, posterga
la pregunta del libro en el buró.

Lo que imaginamos es real,
salvo el jazmín
en llamas:

esa negra certeza
del albatros
al alba.

Mañana su aroma cantarás en vano.

Poesía

De vidriada bóveda
dulce caída
atisba
el ave.

A Maimónides en Fustat

1

En cada luz que muere nace otra luz.
La esfera del firmamento
permanece
sustancia / número / memoria.
Quiero olvidar que alguna vez soñé
bajo el ished: emanaciones de ti
vibraban bajo la claridad.
Eras el mar, acariciabas la orilla,
tu pensamiento encendía la duración,
florecías plata contra el viento.
Me ayudaste a descender dentro de mí,
me ofreciste ayuno y anhelo,
ahora busco los adenios
aljamiados en Fustat.

2

La esfera de tu aliento
espejo era a la palabra.
Me dijiste que el mar no era mar
ni almagre la arcilla,
que el infinito es brillo inalterable bajo el párpado,
la imagen cuando toma su forma:
hasta que enciendes la lámpara
ves el fondo de la perla.

3

Gime el océano: la superficie violácea del agua se abre como un libro al atardecer.
Un viso agita mi sueño. Entra muy dentro de mí.
Besa la playa y, ¿por qué con el viento se va?
Su recuerdo lacera las arenas.

La palabra es anterior a la boca. No la puedo domar.
Rueda el oro de su canto, hiende mi lengua.
La boca no sabe lo que dice. Teme que su expresión se pierda
en la ceniza.
Sangre pronunciada apenas, lo añil del mar es valle pedregoso
que nos hunde en la muerte.
Todo poema lo es.
El ayer aún no acontece.

4

Escribir, ¿acaso confiesa la riada la culpa de su mal?
La verdad es ola que se disuelve en la ola.
No existe el tiempo en la mar.
El instante abraza los ocasos que en el agua
temen su hundimiento.
Tú eras mi voz. Nunca habré de reprocharte esta oscuridad.
Tus ojos me miraron sin saber que mi lengua ha sido desde siempre
silencio.

5

Mi pregunta se encuentra en un espacio abandonado.
Su peso no tolera la verdad de una respuesta.
La poesía husmea en el festín de la muerte.
El poeta escribe al borde del precipicio.
La duda espera siempre abajo.
Los vocablos nunca ascienden a un mismo tiempo.

Niebla de aquellos ojos cuando me detuve frente a ellos.

Tres piedades por Ezra Pound

Rasgadura

Fluye el río, mas no la voz.
La palabra, espejo de incandescencias, llama
herida a la flor.
De anchuroso caudal, yegua blanca
es el tiempo del aluvión.
Pero el río se multiplica en el mar
y no vuelve. Un
instante
tu ojo
rasga
el velo.
Oculta aguarda la realidad.

LA NIEVE ARDE

1

Si digo bello no hablo de ti, hablo de la lengua.
Tampoco del elfo azul.
Si digo bello hablo de tu luz
flotando en el lago, del cisne negro cuando nombra
las soledades.
Hablo del amor que en la estancia resplandece,
porque el tiempo toca lo invocado,
porque el tiempo habla en nosotros las sombras.

2

Un bosque se abre y su verdor
es duración
de aquellos ojos que una vez amé.
La nieve arde y enciende
lo dulce del otoño.

3

He perdido el hábito de avergonzarme:
me inclino hacia la veta,
hacia el presagio del hielo,
un crujido de leños en el azul cobalto.

Trinità dei Monti

Cuando el peso de la vida cansa tu cuerpo, cuando tu corazón se debilita como una hoja de cilantro, cuando hasta tu cabello se deshace como los pelos del elote, cuando necesitas que alguien seque las gotas de sangre en tus pies, cuando tu rostro aún tiene que ser sostenido por la mano de tu madre y el eco de las injurias se escucha en cada astilla de tu leño, entonces yo me pregunto cómo es posible que, ante el frío del mundo, no pueda mirar el púrpura de la sandía, cómo no percibir la agraciada circunferencia de la manzana, cómo no escuchar la cantata desde el coro que alberga la deposición original de tu dolor.

Roma, junio 21, 2019

Liel habla de su aflicción

Nubes cargadas sobre los hombros del padre de Liel.
Ambos atraviesan la corteza de su arrepentimiento,
ambos han labrado su propia ruina.
Ahora buscan desafiar la agria fortuna.

    —No sé si la oropéndola que sueño es real.

    A lo que el padre respondió:

    —El sueño es como el viento que da al árbol su forma.

    —¿Y por qué hay árboles cuyas ramas crecen torcidas?

    —Son demonios.

*

Salió entonces Liel a errar por la desolada noche. De pronto, el terror se apoderó
de su seno. Escuchó el gemido del carcal, el llamado del alcaudón, el desgajarse
los cedros de Dios. El lastimoso olor de los veneros lo estremeció.

    Huyó de la vaharina y se apresuró a los brazos del padre:

—Estoy lleno, padre, de un terror culpable. Huyo de mí y sólo encuentro
la sellada noche, donde espinosos árboles echan hacia fuera sus raíces y
bocanadas de fuego surgen de las grietas de la tierra.

—Liel, escucha a tu padre: es éste el tiempo de tu gracia. Mírala desbordarse
como río anterior a la palabra. Hallarás sosiego en su torrente, si bien
de ese caudal verás brotar lustrosas sierpes.

—Contra ellas arrojaré piedras —sonrió Liel.

*

El padre se mostró impasible y, sin permitir que el siseo sordo de los buitres se
deslizara por su arbaleta, dijo a Liel:

—El golpe de las piedras atraerá otras sierpes. Mejor será dejarlas escabullirse
hacia la acequia donde anidan. Baña junto a ellas tus pies y verás encenderse
en ti la gracia.

Liel rio desoyendo las palabras del anciano. Terció su aljaba al hombro y se alejó.

*

Transcurrió la noche entre el llorido de las bestias. Sintió miedo de empuñar su lanza,
no pudo siquiera tensar el arco, tampoco hundir sus brazos en la acequia
y palpar las escamas de los peces.

Nacido de una familia que se alimenta de miel y flores silvestres, Liel conocía
        un paraíso sin serpientes en donde el oro era el pan de los muertos
        y el hambre áspera como cáscara de coco.
        Sus ojos habían visto retoñar los almendros y el mosaico
        corromper la leche de la higuera.
Por las tardes dejaba escapar algunos sollozos. Le reconfortaba mirar el sol
        bruñir las cascadas de Jezzin para luego desleírse con el silbido
        del viento y el crascitar de los cuervos. Un pesado cielo cubrió
        el sueño de Liel: tembló al sentir que descargaría su ira
        contra el rocío nacido apenas. Pensó en correr hacia su madre.

        *

Layla oraba apartada en el dorado santuario. Su fe brillaba con el girasol. Sabía que
        pronto descendería la nieve de los montes y bañaría el aire
        con sus lágrimas secretas.
        Tendría que consolar a Liel. La vida en compañía, pensaba, es río caudaloso
        que bruñe los profundos remolinos del alma.

        *

¿Qué negrura hizo a Liel errar entre profusas, arqueadas ramas? Se internó en
        la noche dando tumbos sobre el cenagoso suelo. No hallaba puerta abierta,
        rumor de piedad ni brizna de alivio. Mirar más adelante no podía,
        ni alcanzar sus ojos la estrellada cumbre.
La niebla se esparcía por el soto. Liel confundió el retumbo de su andar con la caída
        de los frutos en la vega. Quería plantar una semilla, asirse a un tronco, mas
        sus ojos cargados de tristeza sólo contemplaban el fango.
¿Cuál es el fin?, preguntó mientras se cerraba la oscuridad.
        Las sierpes, ¿me impiden alcanzar la blancura, la coincidencia con el alba?
        ¿Acaso reír y morir estremecen el sentido de mi peregrinaje?
        Un cuervo grave extendió su negror sobre los castaños.

        *

Con una manta de jarapa abrigó su pecho y veló sin descanso. No sabía que el orto
        abriría la oscuridad del valle y el coro de las aves alcanzaría el canto
        del almuecín. Las sombras se adosarían a la muralla.

Allí permanecería hasta ver limpiarse las aguas del tremedal.

*

Por la mañana, Liel se sentó a contemplar las ovejas retozando en la pradera. Desde lejos veía a la hembra relamer con soltura a sus críos, toda ella contento. Reverencias entre todas se hacían.

Liel cavilaba sobre lo humano que se oculta. Alzó la mirada y columbró labios de arboledas en las nubes. Anheló llegar de nuevo hasta su padre.

Es presuroso el deseo, se dijo: las sierpes mueren enroscadas en las piedras mientras la paloma se duele y se queja y riñe por cualquier migaja que se le presenta a la vista.

La cuna que imaginamos es aplazada por un jardín de sombras, reflexionó.

Y dormitó Liel hasta que la claridad desvaneció el fuego.

*

—¿Por qué combaten entonces el búho y el faisán? Padre, tus ojos son pozos de llameante videncia.

El padre fijó en Liel su mirada y respondió:

—Estás en el exilio y la bruma empaña lo que miras. Veneros escucharás y te arrodillarás a beber del agua clara. Pájaros extraviados te sujetarán a la luz de las frondas. Mas no verás el sol, tampoco su medida.

No habrá rosas blancas en tu sueño. Tu condición será el silencio de la crisálida que a su reino viaja desprendiendo de tajo su raíz.

—¿Existe lugar donde serena reposa el alma?

—El descenso rehace la cicatriz. La herida es árbol arrancado que flota sobre un ojo-océano y su inconmensurable anhelo de perderse. El cedro resurgirá entre las piedras y su hálito retornará al añil anegado de bosque.

La savia del pavorreal se interna ya en el paraíso.

—¿Hacia dónde este camino incierto?

No me reconozco en ningún vocablo.

Frágil materia

Una mujer vigila frente al mar, instante arrebatado de su pétalo.
> Odio y amor arden en un mismo manantial
> bajo el engaño de los astros.
> Cuando el crepúsculo barre el cielo
> y la alegría se torna reflejo,
> es la hora de levar anclas.
> No se ha ido la luna y ya ha salido el sol.

*

El follaje oscurece mi camino.
> La lumbre pérdidas derrama sobre mi lecho.
> Algo me quiere decir acerca de la lluvia que suena
> sobre el tejado hasta apagarse.
> Es la hora en que la muerte multiplica una vida irrealizada,
> el libro con sus blancos, lienzo vacío, palabra sin gesto.

*

Qué quieres que te diga de mí. Mi boca se ha vaciado.
> Entre los helechos la sierpe desliza el aliento de Dios.
> Pulidas grises piedras bajo el sauce trazan su universo:
> sólo la palabra amortigua el dolor, esa palabra.

*

Arenas caen sobre mis párpados, comienzo que se cierra.
> Las alas del ánade custodian mi canto.
> La raíz toma la forma del pez donde la rosa
> presagia la bóveda de un cielo vacío:
> mi sombra labra su tinta en el hervor iluminado de la espuma.

*

En los labios nevados de las auras
> se desvanecerá tu rostro
> y en el rumor de los vacíos pronunciarás la llaga
> que llega desde los once rumbos del viento.
> Nada hay que temer.
> El dolor florece con la semilla, allí,

donde diminutas acacias retoñan
y los peces entregan el resplandor de su color.

*

Sólo una puerta bajo el mar, grave
liquen el doliente regreso del ibis.
¿Redimir la historia de principio a fin? Miseria la tierra anida deseo y sed,
angustia aún latiendo bajo recónditos portales.

*

¿Redimir mi desamparo, la imposible verdad? ¿Acaso se me exige inventarme un
nuevo rostro? ¿O es que mi rostro se hallaba increado y era yo
quien debía mentir hasta esculpir su semejanza?
Lo inconmensurable acontece en áureas amapolas. Su azogue quebradizo
es imán que atrae hacia las ramas una leve certeza
ya en ascenso.

*

La travesía está en lo que no tocas, en lo inalcanzable del cielo que por la noche
esboza el mar.
¿Quién me leerá?, ¿quién podrá decirme si lo que he modelado semeja la mentira
que soy y por la cual recorro los meandros de la muerte?

*

Lirios nacerán a las sábanas, naves en su regreso a otra devoción, areniscas, sutilezas.
Tiempo desierto y caléndulas orillas. Sílice la huella en su arboladura,
postigo por donde se filtra la sombra para tornarse más sombra.
Cera encenegada la doliente luz del aura.
La vida trata de no comprender, te postra en engañosa compasión
sin designar la singladura.
Fingimos bondad ante la falta de astucia, esa simulada ceguera
fiel como el silencio a la roca.
He vivido buscando acertar. Hoy me doy cuenta de que he vivido
sin consumir la llama.
La memoria es una huérfana inconsolable.

*

Mi morada palpita con la obstinación de una cascada
        que tropieza con ásperas salientes
        sin haber vaciado su ira neblinosa.
Colina arriba un bosque azulado de cedros florece en invisibles barcazas,
        inquietudes del magenta suspendidos.
        Y el libro —monte de arena— trazo de gaviota en mis pupilas.

*

De la visión brota el luto del presagio,
        nieve cortejando resplandores contra el rocaje, esa blancura
        que edificamos contra la gravedad. He ahí tu rostro:
        ramas envejecidas como un rayo de boscoso invierno.

*

¿Cómo desparramarme sobre otros mundos si el buey tira aún del arado,
        si la vaca arranca con la lengua el pastizal,
        si el mundo es el augurio de los pájaros?
Dios se empeña en abandonarnos mirando paisajes en óleos de siglos atrás.

*

De todo esto sólo ha de quedar lo invisible, la tinta que absorberá tu mano.
        Entonces me arrepentiré de no haber amado enteramente.
        Mi alma no reconocerá siquiera el musgo en la piedra.

*

La luz va tallando labios sobrecogidos, ruinas de cielo
        que te alejan de la profusa playa
        deslavando sedimentos.
        En el arroyo yace, en el cristal
        afina su primavera.
        Serena, arrancada del mar, en la orilla permanece.

OLEAJE

Los párpados del sueño se separan.
Llave de otra edad el polvo blancuzco de la semilla.
No en verdad abandonamos la tierra.
Ignoro la hora que legitime la inexistencia de Dios.
Juntos podremos colegir la semejanza.
Mar adentro del mar, la aserradura, la luz de la estrella y su naufragio.
Luna fragmentada su herido asirse a los grumos
para derribar el hambre.
Vacío, tu espíritu disperso en el pozo.
¿Era nuestro el lanzar la piedra, comer del fruto, arrojar el vástago a la acequia?
Sólo poseemos el sueño.
La verdad exige al espejo lluvia derramada sobre el oleaje gris.
¿Cómo acallar los ecos muy dentro de mi piel?
¿Dónde mi yo y dónde el tú hacia el cual avanzo?
En ese espacio de espinas la cicatriz esboza el atavío del ángel, su cordón trenzado en oro.
Enmudezco ante el mundo y sus alas plegadas.
No he logrado establecer una relación con lo otro.
¿Dónde refugiarme, dónde la voz que a mí regresa?
Una puerta se abre
hacia atrás e insiste en entrever gestos que no me reconocen:
el instante mira doblemente en el espejo.
Cigüeñas y ánsares encienden mis ojos, preparan mi espíritu.
Con el tiempo hasta el sol debe morir.
El aire tibio del cielo
derrama su agua sobre la raíz
donde yaceré al desnudarse la aurora.

Acerca de la autora

Jeannette L. Clariond. Poeta y traductora, ha dedicado gran parte de su ejercicio profesional al estudio del pensamiento y la religión en México antiguo, tema sobre el que ha impartido seminarios y conferencias dentro y fuera de su país. Es autora de *Mujer dando la espalda, Desierta memoria, Leve sangre, Todo antes de la noche, Ante un cuerpo desnudo*, Premio Iberoaméricano de Poesía San Juan de la Cruz y *Las lágrimas de las cosas*, Premio Internacional de Poesía Enriqueta Ochoa, 2021. *Sobre la fronda y la medida*, obtuvo el Premio Internacional de Poesía Juan Ramón Jiménez de Coral Gables. La Universidad Autónoma de Nuevo León la distinguió con el Premio a las Artes Literarias 2021. Es traductora entre otros de la obra completa de Elizabeth Bishop y de Primo Levi. La Casa-Museo Alda Merini en Milán la reconoció por 25 años de labor ininterrumpida en la traducción de la poeta italiana. En 2021 su nombre fue incorporado al Sistema Nacional de Creadores, en modalidad traducción 2021-2024. Es creadora del Certamen de Poesía en Braille, lenguaje en el que se vertió su libro *Los momentos del agua*. En diciembre 2021 algunos de sus poemas de *Leve sangre* se presentaron en Auditorio Nacional de España, en forma de cantatas bajo la composición del músico Ramón Paús.

Índice

Tiro	19
Los ojos de Al-Ajtal	31
El poeta	33
Pavo real	37
[La fiebre del alba derrubia…]	38
Ayuno	39
La huida	40
Vacío	41
Trazada senda	42
Hambre	43
La derrota	44
Arrepentimiento	45
[¡Padre!…]	46
Levedad	47
Poesía	48
A Maimónides en Fustat	49
[Niebla de aquellos ojos…]	54
Tres piedades por Ezra Pound	55
Rasgadura	57
Trinità dei Monti	59
Liel habla de su aflicción	61
Frágil materia	67
Oleaje	72
Acerca de la autora	75

Barracks *Collection*
Colección *Cuartel*
Awards Winning Works

Homage to Clemencia Tariffa (Colombia)

1
El hueso de los días
Camilo Restrepo Monsalve

-

V Premio Nacional de Poesía
Tomás Vargas Osorio

2
Habría que decir algo sobre las palabras
Juan Camilo Lee Penagos

-

V Premio Nacional de Poesía
Tomás Vargas Osorio

3
Viaje solar de un tren hacia la noche de Matachín
(La eternidad a lomo de tren) /
Solar Journey of a Train Toward the Matachin Night
(Eternity Riding on a Train)
Javier Alvarado

-

XV Premio Internacional de Poesía
Nicolás Guillén

4
Los países subterráneos
Damián Salguero Bastidas

-

V Premio Nacional de Poesía
Tomás Vargas Osorio

5
Las lágrimas de las cosas
Jeannette L. Clariond

-

Concurso Nacional de Poesía
Enriqueta Ochoa 2022

6
Los desiertos del hambre
Nicolás Peña Posada

-

V Premio Nacional de Poesía
Tomás Vargas Osorio

7
Anamnesis
Nidia Marina González Vásquez

-

I Premio Latinoamericano de Poesía
Marta Eugenia Santamaría Marín 2022

POETRY
COLLECTIONS

ADJOINING WALL
PARED CONTIGUA
Spaniard Poetry
Homage to María Victoria Atencia (Spain)

BARRACKS
CUARTEL
Awards Winning Works
Homage to Clemencia Tariffa (Colombia)

BORDERLANDS
FRONTERA
Hybrid Poetry
(Spanish ⚜ English)
Homage to Gloria Anzaldúa

(U.S.A Chicana Author)

CROSSING WATERS
CRUZANDO EL AGUA
Poetry in Translation (English to Spanish)
Homage to Sylvia Plath (U.S.A.)

DREAM EVE
VÍSPERA DEL SUEÑO
Hispanic American Poetry in USA
Homage to Aida Cartagena Portalatin (Dominican Republic)

FEVERISH MEMORY
MEMORIA DE LA FIEBRE
Feminist Poetry
Homage to Carilda Oliver Labra (Cuba)

FIRE'S JOURNEY
TRÁNSITO DE FUEGO
Central American and Mexican Poetry

Homage to Eunice Odio (Costa Rica)

INTO MY GARDEN
English Poetry

Homage to Emily Dickinson (United States of America)

LIPS ON FIRE
LABIOS EN LLAMAS
Opera Prima

Homage to Lydia Dávila (Ecuador)

LIVE FIRE
VIVO FUEGO
Essential Ibero American Poetry

Homage to Concha Urquiza (Mexico)

REVERSE KINGDOM
REINO DEL REVÉS
Children's Poetry

Homage to María Elena Walsh (Argentina)

STONE OF MADNESS
PIEDRA DE LA LOCURA
Personal Anthologies

(Homage to Alejandra Pizarnik)

TWENTY FURROWS
VEINTE SURCOS
Collective Works

Homage to Julia de Burgos (Puerto Rico)

VOICES PROJECT
PROYECTO VOCES

María Farazdel (Palitachi)

WILD MUSEUM
MUSEO SALVAJE
Latin American Poetry

Homage to Olga Orozco (Argentina)

INTERNATIONAL POETRY AWARD
PREMIO INTERNACIONAL DE POESÍA NYPP
Award Winning Authors

Homage to Feature Master Poets

Other Collections

Fiction
INCENDIARY
INCENDIARIO

Homage to Beatriz Guido (Argentina)

Children's Fiction
KNITTING THE ROUND
TEJER LA RONDA

Homage to Gabriela Mistral (Chile)

Drama
MOVING
MUDANZA

Homage to Elena Garro (México)

Essay
SOUTH
SUR

Homage to Victoria Ocampo (Argentina)

Non-Fiction
BREAK-UP
DESARTICULACIONES

Homage to Silvia Molloy (Argentina)

Para los que piensan, como Octavio Paz, que "'la poesía es la perpetua tensión del poeta hacia un absoluto del lenguaje", este libro se terminó de imprimir a partir de julio de 2024 en los Estados Unidos de América.

www.ingramcontent.com/pod-product-compliance
Lightning Source LLC
Chambersburg PA
CBHW081211170426
43198CB00018B/2916